EN LA REPÚBLICA DE LAS PERRAS

EN LA REPÚBLICA DE LAS PERRAS

Marta Vusquets

Título: *En la República de las Perras*
Colección Miarma, n.º 5
Primera edición: septiembre, 2025

© Marta Vusquets
© de esta edición: Disbauxa Editorial
© Prólogo: Jose de la Vega
© Epílogo: Alba Pardo
© Fotografía de solapa: Marta Busquets López
© Ilustraciones: Manu Badás
Diseñado y maquetado por Disbauxa Editorial

ISBN: 978-84-129358-1-3
Depósito legal: B 10567-2025
IBIC: DCF | Thema: DCF
84 páginas, 14×22 cm

Somos **Disbauxa Editorial**
Estamos en Barcelona

editorial@disbauxa.es
www.disbauxa.es
@disbauxa.editorial

Índice

Prólogo: *La cánida muerde la correa y*,
por Jose de la Vega   9

En la República de las Perras   15

Epílogo, por Alba Pardo   77

Prólogo

La cánida muerde la correa y

por Jose de la Vega

Todos hemos visto alguna vez a una perra mordiendo un peluche y sacudiendo con furia la cabeza sin dirección determinada, con la única finalidad de divertirse, de gozar en ese vaivén que sacude su cabeza y sus instintos. Su determinación se agota solo cuando las fuerzas físicas le abandonan o su dueño le arrebata el juguete.

Supongamos ahora a una cánida de inteligencia humana, que en su deambular se encuentra una cuerda, quizás una correa, con un extremo suelto y el otro anclado a un muro antiquísimo. Edificado por manos de hombres, en cuerpos de hombres, con mentes de hombres. Piedra sobre piedra, milenio sobre milenio, Esta perra, atenta, decidida, con unos dientes firmes y filosos, no olisquea, no duda, no traza un plan, agarra el extremo suelto de la cuerda, aúlla para invocar todos sus instintos, muerde la cuerda, tensa los músculos de su cuello y sacude la cabeza de arriba a abajo, de forma rítmica, poética, verso a verso.

La cuerda tensa, el movimiento adecuado, la cadencia rabiosa pero exacta forman una onda estacionaria. Un dibujo en el aire que es la canción más bella que describe la mecánica de ondas. Una onda estacionaria es un fenómeno físico en el que existe un patrón de vibración que hace que el observador crea que está ante una forma estática, cuando realmente está ante el movimiento armónico de la correa en el espacio y en el tiempo. Así de preciso es el poemario que ha escrito Marta Vusquets.

Marta ha clavado sus dientes en la correa que ha atado durante siglos el deseo entre mujeres a un muro construido por los machos. Un muro que las presume femeninas, gatunas, limpias y sobrias en su lujuria, pero que las daña con su presencia:

> *Érase una vez*
> *en el Reino de las Gatas*
> *yo me lamía las heridas*

Este poemario es la onda estacionaria que traza la correa sobre el aire. Tan bello y fascinante que la correa deja de ser correa, es poesía. Ya no importan el muro ni los hombres que lo construyeron. Esta transmutación es consecuencia del juego de la perra, de las sacudidas de su cabeza. Este poemario es político no porque busque serlo, lo es porque construye una República de las Perras a través de la motivación que hace a nuestra perra-poeta sacudir la cabeza una y otra vez, incansable; no hay amo que pueda detenerla, que pueda parar el juego, el gozo. La perra sabe que lo que dibuja en el aire es una forma bella, poética, única, potente:

> *Ellos dicen:*
> *«La carne es débil».*
> *Yo contesto:*
> *«El deseo es potencia».*

Nosotros solo podemos prestar atención ya a la forma lírica que flota en el aire y preguntarnos cuál es el motor que hace sacudir la cabeza de nuestra poeta perruna. En los versos anteriores encontramos la respuesta, el deseo. El deseo es la máxima amplitud de la onda estacionaria; es la fuerza transversal que alimenta cada verso de este libro; es el punto en el que la interferencia con la realidad es máxima porque el texto nos lo desvela en la mayor extensión de la carne y la imaginación:

> *vessa per tot arreu com dues galàxies en col·lisió de cop i*
> *volta la llum el silenci [tu i jo i nosaltres (una expansió*
> *a base de fricció)] fes-me un cop més un petó abans que*
> *m'endinsi en aquest viatge que m'excita i em fa por*

Hay un fluido sobre el que flota todo este deseo, que lo alimenta y lo espolea constantemente a jugar, pero que también lo convierte en el medio en el que vibra y se armoniza; se trata de la incertidumbre. Este elemento es crucial para entender el deseo y la necesidad del yo poético de transcribir lo que le excita y produce miedo, de trazar un cuaderno de bitácora en el que quede constancia de este viaje, con la sola premisa de que este camino sea inagotable:

> *Quiero y no quiero*
> *escribir el poema que consagre*
> *mi experiencia humana.*

En el imaginario colectivo existe la creencia de que el deseo es algo que sabemos, que conocemos, casi por ciencia infusa, a pesar de que casi no nos educamos en él. La poeta reniega de esta idea y se convierte en una exploradora canina que sigue rastros inciertos de aquello que le puede excitar. Se adentra hasta lo más salvaje para encontrar certezas que prenden sus instintos (*Besa esta entrepierna/ que te da de comer*), pero también preguntas que le resultan enardecedoras (*¿Es una súplica?/ Amor, fóllame*), a veces incluso evidencias de que hay cosas que siempre serán inciertas, en un efecto casi cuántico del cuerpo cuando se interacciona con él:

> *Debo advertirte de que*
> *cada vez que vuelvas*
> *yo seré otra persona*
> *(la misma) distinta*
> *a la que tocaste la última vez.*

Es precisamente el cuerpo del yo poético la brújula que guía esta travesía incierta y, por eso mismo, ambiciosa. La carne se descubre, además de salvaje, vulnerable-tierna-romántica. De nuevo conjuga ideas que en el imaginario social son discrepantes para mostrarnos que todo cabe en la fricción-contradicción entre cuerpo-deseo-incertidumbre cuando se trata de encontrar, quizás, una certeza tan fugaz que es un anhelo-amor:

> *Mentre et confronto el meu cor també tremola*
> *batega maldestre al centre d'un cos que té por*
> *perquè com que entén el que dius*
> *imagina que fuig lluny*
> *però com que entén el que dius*
> *desitja i es queda.*

> *Serà que t'estimo.*

No rehúsa a relatarnos que el deseo también tiene sus nodos oscuros, es un juego imperfecto en el que habita también el miedo, producto de la contaminación de las costumbres patriarcales, pero al que merece la pena retornar siempre, pues es un terreno fértil para poder decir «te quiero», la oportunidad de saber del amor y el éxtasis. Entiende estos conceptos no en el sentido romántico y convencional de estas palabras, sino como un lugar entre dos cuerpos, el suyo y el de una *amiga amante novia conocida* en la que reconocer el rostro-cuerpo de la otra en su sentido más levinasiano. Es ahí donde está la verdad y, por tanto, la belleza.

Todo este periplo es tan fascinante, honesto, luminoso (quizás *quería decir oscuridad*) para la poeta que la perra a veces ladra versos para erigirlos en una llamada, una seducción, quizás un canto a construir un deseo colectivo, compartido, alejado de la vergüenza.

Los versos de Marta Vusquets son inagotables porque incansable es la determinación de la perra-poeta de seguir agitando y jugando con la correa del patriarcado. Sabe que lo que construye el deseo en su juego incierto es primordialmente hermoso, bendecido, dichoso. Espera, pues es una *profeta* entre las cánidas, que ante esa hermosura seamos más las perras que hinquemos el diente a nuestras propias correas y las hagamos vibrar. Y en una vibración colectiva, armónica, traviesa, pero sobre todo divertida, el muro se derrumbe. Tras él, el vaticinio se hará cierto, y estaremos recorriendo nuestros cuerpos feroces *En la República de las Perras*.

Jose de la Vega
junio de 2025

En la República de las Perras
es el décimo libro de Disbauxa Editorial.

En la República de las Perras *es el quinto libro de la colección Miarma, nuestra colección de poesía.*

En la República de las Perras
es el segundo poemario de Marta Vusquets y el último (hasta la fecha).

*Dedicado a la cabellera que me rapé como ofrenda
y a todas las personas que me acompañaron de
cuerpo presente y me sostuvieron energéticamente
en aquel acto de consagración.*

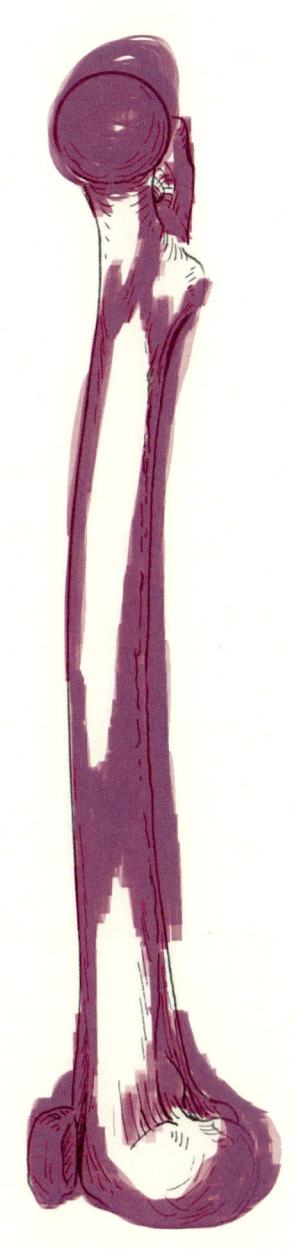

Debates

Debaten aquellos que:

No se han bañado en la cascada
que nunca se seca.
No han bebido del océano
entre las piernas.

Dichosas aquellas que.

A qué

Debo advertirte de que
cada vez que vuelvas
yo seré otra persona
(la misma) distinta
a la que tocaste la última vez.

Allá donde repose tu mano
sobre mi cuerpo
la superficie te será desconocida
cuasi absurda.

No finjamos:
yo tampoco pretenderé saber quién eres.

Pero por favor acércate y
cuando te pregunte:
«¿A qué has venido hoy?»
intenta explicármelo
una vez más.

Jardinería

Yo planté la semilla
entre tus piernas
en ese lugar precioso
(y preciso)
en el que estos días
estalla la primavera.

Jadeábamos mientras pensábamos
que esto debía ser
algo parecido a estar bendecidas.

Aspiraciones

Cuando leo a quienes
hacen las preguntas adecuadas
sin llegar a una respuesta
ni pretenderla:
yo envidio.

Miro al horizonte
me lamento.
¿Cuándo será mi hora
de profundizar?
Al margen de entender.
Estar jugando,
que parezca serio.

Solo alcanzaremos la belleza
y será verdad.

Bastante

Hay bosque allí
donde termina mi casa:
lo sé porque
me he adentrado en él.

Recorriéndolo
        yo he conjurado la vida
        yo he susurrado a los árboles
        yo he besado las piedras.

¿Qué se me está escapando?
Dónde tengo que mirar
con los ojos entrecerrados
mientras humedezco mis labios.

Quiero y no quiero
escribir el poema que consagre
mi experiencia humana.

Cumpleaños feliz

Hoy cumplo 36.

Tengo un corazón contento
habitado por amores, amistades, amantes.
Siento un profundo agradecimiento
y no albergo queja significativa al respecto.

Tengo salud
                              (excepto por la agenditis aguda).
Mi existencia se materializa en este cuerpo
atravesado por las estrías
de músculos fuertes y abdomen suave
que resiste, persiste
e insiste en disfrutar.

Sigo alzando la vista al cielo
interrogo a la luna
trato de descifrar las adivinanzas
en las estrellas
¿de qué va todo esto?

También me dicen que tengo
un desierto entre las piernas.
No hallarás el manantial a primera vista
pero siempre está disponible
para quien tenga sed
                              (dicen aquellas que lo han transitado).

Debilidades

Ellos dicen:
«La carne es débil».
Yo contesto:
«El deseo es potencia».

Y aquí estoy yo
sintiendo mis carnes
que son muchas cosas
pero sabemos que débiles
precisamente no son.

Me relamo internamente los labios
mientras nos escucho hablar
de lo bien que nos va todo.

Echo de menos
las cosas que fuimos juntas
y aunque mi deseo hacia ti
aún no se ha apaciguado
siento que las decisiones tomadas
fueron las correctas.

Este tinglado
en el que yo ardo
cada vez que te veo
pero no me consumo
porque no ejecutamos
me hace mucho bien.

Necesito

Definitivamente necesito
un buen masaje
un par de manos
que ablanden a conciencia
estas carnes, este cuerpo
/opositores al descanso/.

Amazona

Siento el coño sordo
de todas las veces
que me he corrido
esta noche.

Deditos para qué os quiero.

Quien tiene un clítoris
y sabe cabalgarlo,
tiene un tesoro.

Instrucciones

Para continuar con su vida,
siga las instrucciones:

1. Observe el puente
2. Préndale fuego al puente
3. Vea arder el puente
4. Asegúrese de que es pasto de las llamas
5. Oiga cómo se derrumba

   5.bis (opcional) Estalle en carcajadas

6. No mire hacia atrás
7. Deje atrás el (ya no) puente
8. Continúe con su vida

Permiso

Mojo los dedos
en esta humedad
que deberías estar haciendo tuya.

D I S C Ú L P A T E

Y la próxima vez
que te levantes de la mesa
antes de que el resto hayamos terminado,
pide permiso,
suplica.

Besa esta entrepierna
que te da de comer.

Más allá

Estoy donde quiero estar
He(mos) llegado
a este lugar precioso
en el que (por fin)
las palabras
          amiga   amante
          novia   conocida
han perdido todo significado
se nos han quedado cortas.

En este lugar inabarcable
indómito e inmenso
donde nadie sabe
qué labios van a sonreír juntos
      tal vez
antes de que las lenguas se tanteen
      tal vez
antes de que los dedos se entrelacen
      tal vez
antes de que los cuerpos se encuentren
      tal vez.

Lo que es seguro es que:

La barricada es la misma
¡oh, estamos todas!
Todas hemos venido.

La hemos alzado con nuestras manos
estamos aquí, ¡presentes!
La mirada inundada de llamas y fuego
en nuestras bocas un te quiero
las unas para las otras
siempre dispuestas.

La barricada es la misma
¡oh, estamos todas!
Alcanzo a ver el cielo.

Cançoner

Busco una cançó,
que pugui correspondre't
        [i jo]
desespero una mica
perquè no la trobo.

Fins que me n'adono:
encara giren els llençols
en els que hem estat juntes aquesta nit
a la rentadora.

Encara em duren el somriure a la cara,
les pessigolles entre les cames,
la cremor al batec.

I si tanco els ulls,
les teves mans em furguen el cos,
sento les teves paraules suaus
a cau d'orella.

No ets aquí però
no has marxat.

Castell

Ets un castell.
Ets els jardins del castell a l'alba.
Ets les plantes escalant els murs.

Els meus peus
travessen els túnels.
        [Ombrívols]
        [Humits]
Tots els túnels porten
a tots els prats,
on jo jec, estimada,
olorant el color verd:
esperant-te.

Mentrestant algunes veus canten,
gemeguen sons de felicitat,
els ofrenen a un cel rúfol,
de tonalitats inabastables.

Jo no sé cantar
però sé escoltar.
També sé mirar el castell
i no sé apartar la mirada.

Nits d'estiu

Estirada al sofà,
m'assetgen els mosquits.

Obro les cames
una mica més del necessari:
ens fantasiejo en aquest espai.
Sento el cor com s'accelera
les meves mans busquen les teves
xiuxiuejo paraules de vellut
sense destinatària possible
els meus dits acaricien el buit.

En aquestes nits d'estiu
existeixo, llavors t'espero.

Valle soleado

Si vamos a ser todas sinceras
las unas con las otras
yo voy a tener que admitir
que he sido habitada por las tinieblas.

Pero vuestro amor
todas esas sonrisas a tiempo
las caricias en el pelo.
Yo os amaba yo os amaba
todas las veces
yo os adoro
y todo el mundo lo sabe.

He sobrevivido
en vuestro abrazo insistente.

Yo he llorado he llorado he llorado
pero ningún rato sola.

Ahora que ya ha pasado todo
miro este valle soleado
llamado vosotras.

Enunciacions

Enuncies que soc l'amordelatevavida
jo em sobresalto (gairebé m'enfado)
voldria recriminar-te:
què és l'amor
què és la vida
qui podria estar a l'altura
de paraules com aquestes
com atrevir-se a definir el misteri
on no hi ha decisió només miratge.

Mentre et confronto el meu cor també tremola
batega maldestre al centre d'un cos que té por
perquè com que entén el que dius
       imagina que fuig lluny
però com que entén el que dius
       desitja i es queda.

Serà que t'estimo.

Amb tot

Folla'm.
És una pregària?
Amor, folla'm.

Després en parlem.
És una súplica?
Amor, folla'm.

Quan va ser
que vam començar
a fer l'amor?

Jo què sé.
Tant se val.
Amor,
 mira'm als ulls:

FOLLA 'M

Laforçacreadora

La força creadora de l'infinit dos cors que entren en el més
subtil dels contactes i explota l'univers vessa per tot arreu
com dues galàxies en col·lisió de cop i volta la llum el silenci
[tu i jo i nosaltres (una expansió a base de fricció)] fes-me un
cop més un petó abans que m'endinsi en aquest viatge que
m'excita i em fa por

Així

Em desitges així.
Els nostres gemecs barrejant-se
amb la remor del vent
juganer entre les fulles dels arbres
amb els primers cants dels ocells.

Esbrino qui ets en els plecs
de la teva pell,
al cel de la teva boca.

Vull que (hi) tornis
i així ho fas.
Una vegada rere l'altra
ens desitgem així.

Oceans

Les onades trenquen a proa
mentre escorcollo l'horitzó
quan arribo a port
agraeixo la terra.

Després passo els dies
amb l'oceà a dins.
Sento la remor de les onades
als fluids del cos.
M'ajec per evitar el mareig
tanco els ulls i somric:
la mar encara em bressola.

Tu marxes de casa meva
sento tancar-se les portes de l'ascensor
però el meu cos xiuxiueja:
segueixes desitjant-la
segueixes estimant-la.

Embarquem-nos un cop més:
per fi fem nostres
totes les coses boniques.

Evitativa

Que no tinguem èxit
quan intentem evitar
allò que ens arriba
      //sobtadament//
i ens fa bé.

Tant de bo ens enxampi
amb els murs aterrats
els palmells de les mans enlaire
i el cor al descobert.
      (on comença el cor, amor?)

No podrem deixar enrere
allò que ha de formar part
de nosaltres i de qui serem.
      (que tampoc ho vulguem).

Potser ens acompanyi
molta estona — potser poca.

Tant se val: serà nostre perquè és veritat.

Sucar els dits

Tinc ganes
de sucar els dits
a les humitats que t'habiten
esperonades pel nostre desig.

Sucar els dits
a l'indret on jo somnio
que algunes estones
ets una mica meva.

Tinc por
però vull dir t'estimo.

Al·lucinacions

Pensar(-te)
és imposar(-me)
un estat febril
on t'al·lucino.

Ets tantes coses
boniques i certes
       tu
que em segrestes
el cor.

Prepara't per sentir
l'única petició possible quan
       jo
perduda en el meu desig
et supliqui: «vine,
busca'm als llocs
encara tendres».

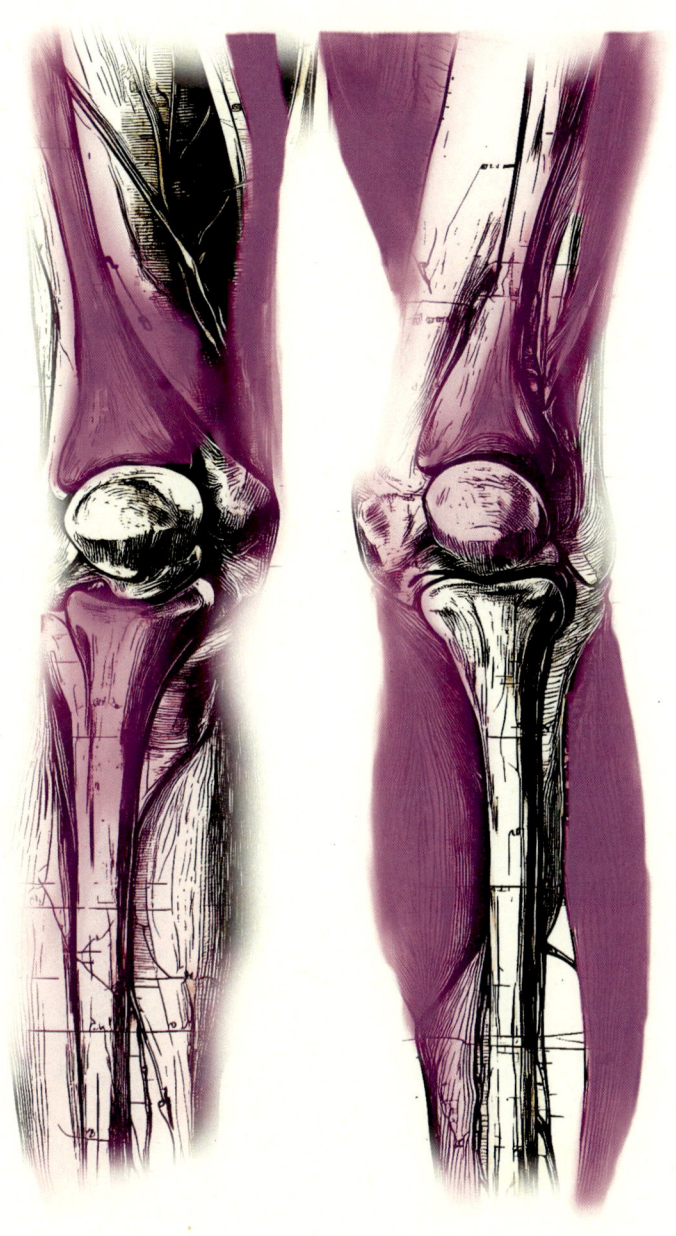

Infinits

Gemego quan et somio.
També gemego quan
la teva boca entra en contacte
amb el meu cos.
Les teves mans busquen
els límits de l'espai que ocupo:
m'omplen de tu.

M'expliques que hi ha infinits
més plens i bigarrats que d'altres.

Mentre parles et miro les pestanyes.

És?

El riure t'esclata a la boca
atura la meva respiració
els meus ulls busquen la teva mirada
la troben fixa en aquell indret
que t'interessa   (potser)
és un moment qualsevol
explicitant una certesa:
se'ns dona bé
gaudir de totes les coses
totes les coses suaus.

Amplio una vegada rere l'altre
les fotografies
on tu i jo estem tan contentes.

És amor? És eufòria?
És eufòria d'amor?

Enfadada

Vaig estar enfadada, aleshores:
em vas treure a ballar
em vas petonejar pels bars
em vas portar a casa ·
em vas follar
em vas zurrar
fins que no vaig poder romandre enfadada.

Músculo poético

Músculo poético
es una existencia incombustible
que no recula ante la inmensidad
que no se retira ante la intensidad.

Músculo poético es
cualquier corazón ardiente y desbocado
al que las sirenas temen.

Aquel que al arrancarlo del pecho
sigue latiendo aun fuera del cuerpo ya sin vida.

Todas las promesas feroces entrelazadas
en el más tenue de los susurros.

Caramel

Et demano que obris la boca:
no dubtes, executes
et miro als ulls, escupo
empasses, gemegues
      [tan dolçament].

Les muralles del meu cor s'esberlen
a quina temperatura s'evapora un cor, amor?
Com que no ho sé trec la llengua
ara soc jo qui espera
el caramel llefiscós de la teva boca.

Hi ha camins a la vida
que farem sense possibilitat de marxa enrere.
Procuro no pensar-hi:
em concentro en lliscar
en aquest univers de saliva
tampoc sé cap a on, amor.

Coses que sí que sé:
      que crema,
          que és amb tu,
             i que vull que m'hi portis.

Fusibles

A veces me peta el fusible
me quedo sola con mi intensidad.

¿He dicho intensidad?
Quería decir oscuridad.

La que aparece cuando me acerco demasiado
a las cosas peligrosas
que serpentean en mi plexo solar.

Cierro los ojos y empiezo a rezar:
«Por favor ahora no
yo estaba en esto de amar la vida
sentía claramente el sol en la piel.
Por favor ahora no
solo un rato más de fingir
que estas no son las tinieblas
que me fueron impuestas».

4X

Tu vas entrar per la porta
    Em sostenies la mirada
        Em sostenies la mirada
            I jo, jo tampoc podia apartar-la.

Contrafòbies

Aquí hi ha un cor
                    (ara mateix)
és el centre d'un univers
on tu existeixes.

Al voltant del cor
hi soc jo (o això crec).

Amor, últimament
em sento molt c o n f o s a
a estones llargues
(en les que) desconfio.

Per sort també soc ben tossuda
i contrafòbica de mena
no és opció retirar-me
                    – ni parlar-ne –
                    *** just ara ***
que t'estimo tant
ara que he descobert
que puc sentir por de perdre.

L'alegria de la sorpresa
de poder estimar-te
i gràcies a això
fer meva per fi la força
per quedar-me.

A l'alba

Inhalo
exhalo
i desitjo.

Miro a l'horitzó on
/si i no/
distingeixo el cel del mar.

Tanco els ulls i a continuació
molt suaument
els meus llavis dediquen
poemes d'amor a l'alba.

Marxarxtornar

Per a poder tornar
has de marxar
una vegada rere l'altra
(tu) hauràs de marxar
per poder tornar.

Cada cop assumirem el risc
de trobar-nos a faltar
ens acomiadarem lliures
amb el cor a la mà
potser un somriure tímid.

Assumirem l'escenari en que
les nostres mirades
ja no poden creuar-se
amb l'esperança
de que els nostres pensaments   sí.
                                      (i cors).

Si un dia tu i jo no tornem l'una a l'altra, amor,
que sigui perquè encara ens estimem
tantíssim oh! però d'una altra manera.

M'arrisco a l'abisme d'aquest dia incert
[que no vull que arribi]
mentre maldestrament intento
construir una absurda seguretat
on tot estarà (està) bé.

Si us plau

Avui et demano:
si us plau folla'm.
Com si existissin les certeses
si us plau folla'm.
Com si tu i jo per sempre sí
si us plau folla'm.
Com si jo pogués estimar
sense trencar-me.

Caliente

Estoy caliente
como una mala perra
húmeda, para siempre
en la búsqueda
de todas aquellas cosas
que explicitan
que aún sigo con vida.

Cau

Em fico al llit
avui buit
sentint que jo m'arrauliria
tan a gust (ara mateix)
al teu cos.

Quan dorms sues
només una miquetona
i em penso com un bestiola
que torna al seu cau
un pèl humit i calentet.

Tot plegat em fa connectar
amb coses lentes
i un xic soterrades.

Accedim a la bellesa en les coses feréstegues.

Promesas

Después de la travesía
la promesa de la tierra:
una paloma y en su pico
        una rama de olivo.

Mientras tanto el diluvio
siempre entre las piernas:
la promesa del placer
        en la punta de los dedos.

Sirenas

Aquí hay un corazón hay miedo y hay voluntad hay deseo hay esperanza también todo aquello que se ha roto y he sostenido en mi pecho he zurzido con mis suspiros aquí hay definitivamente un corazón un latido y otro y otro solo soy un corazón un corazón y todo lo que lo envuelve ten piedad y ante todo cuando escuches el traqueteo tápate los oídos inmediatamente aquí hay sirenas marinera vas a perderte marinera aquí habitan las monstruas todo aquello salvaje que anhelas y temes marinera ese lugar en el que aún no has estado y en el que ya albea rompe claramente el horizonte este es un corazón para perderse no hallarás tibieza no hallarás indiferencia marinera has sido advertida si te acercas a este corazón tal vez te engulla sin masticarte asume el riesgo absurdo deja que este corazón te destroce mientras te acuna este corazón que también te envuelve a ti que es una boa no te envenena pero te aprisiona siente cómo crujen tus huesos uno a uno ríndete al abrazo eterno.

Corazón que teme

Esta intensidad insoportable insostenible
inabarcable a la que el pecho no renuncia
a la que vuelve (inagotable)
y este deseo entre las piernas
(y en las comisuras de los labios)
aún siempre esperando(te).

Mis ojos se posan en tus dedos lánguidos
después recorren tus antebrazos
escudriñan los lugares donde cuando te excitas
aparece un arcoíris venoso
señal inequívoca de placeres al acecho.

A todo esto quiero descansar y no de este amor brillante
que a menudo me supera y me sobrepasa.
Quiero apaciguar y no este deseo flamígero
que a menudo me combustiona.

Pasan los meses amada
que son años
que son décadas
mientras mi corazón que teme
pospone el futuro:
tal vez algo cambie
tal vez ya no nos conmueva el batir de nuestras pestañas (!).

Gracias a lo anterior
habito (por fin) a la fuerza este presente
en el que tú aún eres un poco mía.

Condicional

El meu amor cap a tu
no abarca el tot.
No ho vull tot amb tu:
no aniria amb tu a viure a un poble petit
no aniria amb tu al zoo.

El meu amor cap a tu
no és incondicional.
Si tu em dirigissis les paraules més afilades
jo m'allunyaria.
Si tu em tractessis fredament
jo em procuraria el meu propi escalf.

El meu amor cap a tu no és escàs.
Estimo/em/arem a tanta gent.
L'abundància sexe/afectiva ens bressola,
contribueix també al nostre amor.

El meu amor és sublim
perquè si el meu cor batega i et pensa
si els meus llavis diuen t'estimo
és simplement veritat.

Vet aquí la meva promesa: juntes,
fins que el desig ens separi.

Otra(s)

A menudo vuelvo a los momentos
en los que tengo la suerte de ser testiga
de cómo otra te folla:
me enamoro más de ti.

Me regocijo cuando
tengo la oportunidad de verte
(desde fuera) emitir los gemidos que
a menudo son reservados para mis oídos
provocados por dedos ajenos.

Otros dedos que no son los míos y que
relucen recubiertos de tus jugos.
Me fijo en cómo abres las piernas
lista para recibirlos y en cómo
volteas la cabeza para mirarme
con una ternura y una sonrisa infinitas.

Cuando te/os veo,
recuerdo que te adoro.
Yo también quiero
y yo también te quiero.

Tú y yo y elle

Recuerdas aquel día en el que
preparábamos la cama en grupo.

Nuestras amigas extendían las sábanas
en las que tú y yo y elle
luego follaríamos (tan a gusto).

Entre todas charlábamos animadamente
de cosas que no tenían que ver.

Causa justificada

Tú y yo en este arcén en medio de la nada
tus dedos dentro de mí apagando por fin un incendio
que no puede atenderse a 120 km/h por la carretera.

Aparece la policía (?)
y pregunta que qué hacemos.
Tengo miedo.
Todas sabemos que
nuestros cuerpos llevan la cuenta y que
el balance históricamente no ha sido positivo.

Por suerte todo es profesional.

¿Entienden lo que estaba pasando?
En cualquier caso, me visto como puedo mientras
tú argumentas con torpeza:
«Se encontraba mal, agente, y le he dicho,
pues quítate la ropa».

Ochenta euros y una multa cuyo motivo reza:
«Parar en un arcén sin causa justificada».

Ríen por la noche las amigas:
«Si esto no es una emergencia», dicen.
«Si el deseo lesbiano no es una emergencia», dicen.
«Que baje la diosa y lo vea».

Al acecho

Aquí ando, estos días
al acecho de las energías
que me mantienen con vida.

Atenta a los sentidos,
mirando con intención a los ojos,
resiguiendo una lengua que humedece unos labios.

Agazapada detrás de mi destino
      (que desconozco)
arrastrándome sin miedo a mancharme
      (¿será que lo deseo?).

Acércate, no tengas miedo:
aquí estoy, de cuerpo presente.

No te espero, pero te recibo.

Que sepas que he ordenado el cajón
en el que guardo los dildos.
Eternamente duros, siempre dispuestos.

Arigato gozaimasu

Recorro els carrers d'aquesta ciutat
m'impregno dels seus sons, les seves olors.

Accelero el pas a estones
quan el formiguer se sent frenètic.
A estones també
la lentitud, el silenci.

Els meus ulls busquen les ombres
els espais negatius.
Reposen a l'horitzó d'un jardí
enmig dels gratacels.

El cor pot enyorar
aquells llocs bonics que ha conegut
              (estàvem juntes).
També els que encara no hem conegut
però l'ànima confia i té la certesa
de que més endavant hi ha més i
que hi ha més oportunitats que vida humana.

Ja fa molts dies que
una llarga distància ens separa i jo
formo part d'una multitud de cossos
i d'alguna manera
perquè jo soc aquí
vosaltres també hi sou.

Tempesta de neu

Estic lluny.

Aquí és el teu demà
les paraules sonen estranyes
els somriures em fan dubtar
però tinc el cor ple
em sento agraïda i optimista.

També penso molt en tu.

Ets la silueta que intueixo
en mig de la tempesta de neu?
Accelero les meves passes
amb por de relliscar
i descobrir que no aterro
entre els teus braços.

Gmt+9

Rosego els records recents
bavejo sobre els antics
sobrevisc com puc
als sotracs del meu cor
quan pensa en un futur
on breument tu no hi ets.

[No ets a l'abast]

Dius que m'esperes
jo confio malgrat que
sento que perdo l'equilibri
m'avergonyeixo de ser jo
qui pensa aquestes coses
i alhora me n'alegro:
ser capaç d'estimar-te així
a tu,
que m'estimes lliure
(també quan tinc
una mica de por de ser-ho).

Estic inflamada d'amor.

Bombolles

Tenim aquesta vida en la qual
són més les coses que no sabem
que les que sabem.

Però de moment
observem enlairar-se les bombolles
que a continuació es precipiten (trapelles)
cap al seu destí.

    (esclaten)

Tornem a mirar-nos als ulls.
Recordem-nos que tota aquesta moguda
definitivament val la pena.

En la República de las Perras

Érase una vez
en el Reino de las Gatas
yo me lamía las heridas
mientras me reafirmaba
recitando mantras en bucle:

«Yo puedo existir.
Mi deseo bizarro puede existir.
Yo soy aquella que habita
las intensidades extrañas
las sensualidades insostenibles
la que exprime los jugos corporales».

Aquellos jugos que embotellé
en aquel poema en el que
yo manifesté, yo invoqué,
yo le conjuré al universo
una novia imaginaria
que no había conocido ni tenido.

Hoy recorro las calles estrechas
en la República de las Perras
y ladro feroz y fuerte
que un día tras otro
soy testiga, artífice y profeta
del mundo con el que mi corazón
se atreve a soñar.

Atentas, perras:
la abundancia esperándonos
a la vuelta de la esquina
y nosotras con las piernas (tan) abiertas,
húmedas, listas para recibirla.

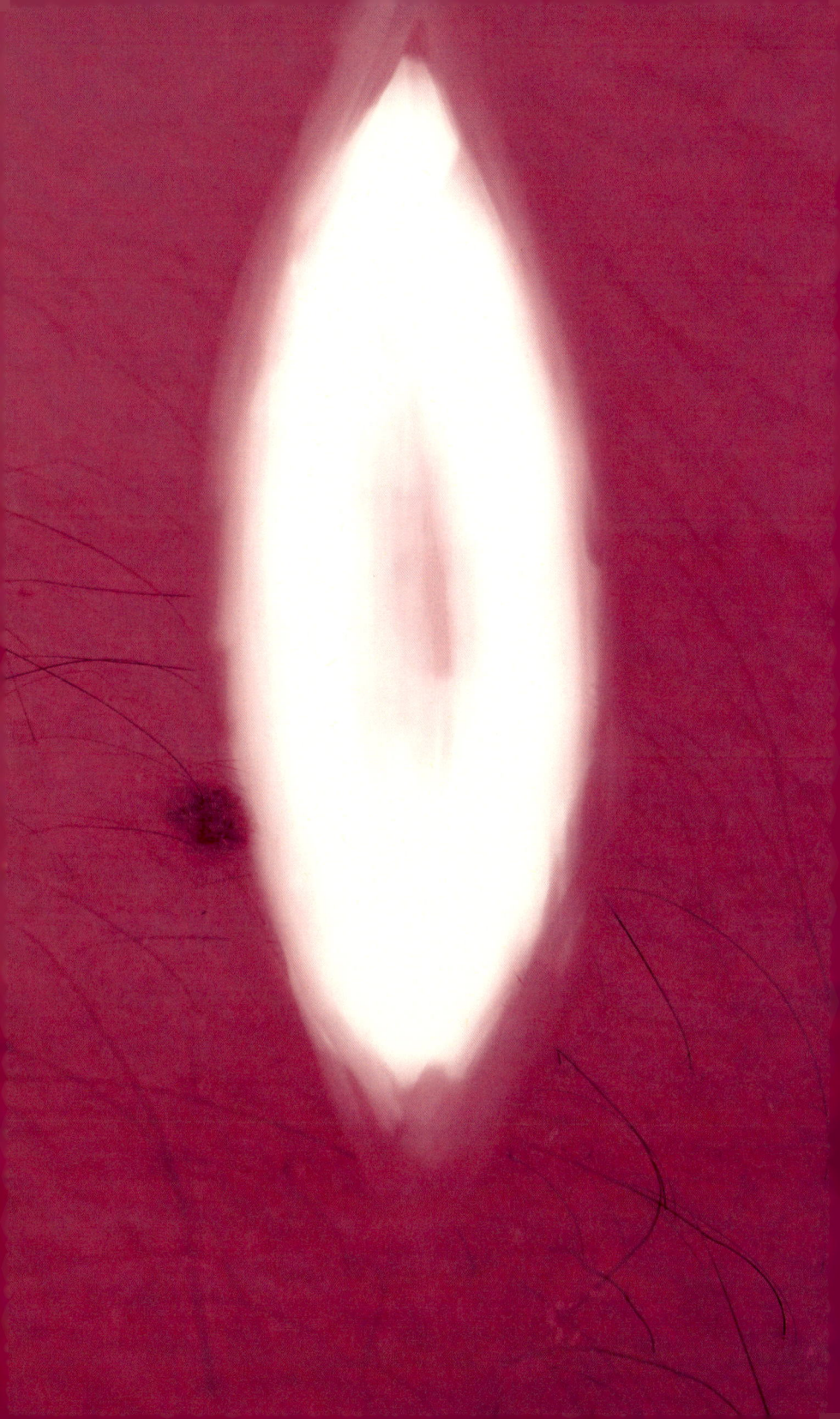

Epílogo

por Alba Pardo

Marta, respecto a este poemario y a la cardinalidad del conjunto de todos los poemas posibles:

Varios hilos conductores me han llamado la atención. Hay un hilo cardíaco hilvanando estos poemas, que explora el estado y los límites del corazón. A menudo aparece la cuestión de la humedad, que para ti es indisociable de la vida. Hay poemas en los que leo una estructura periódica que me vuelve muy loca, como «Oceans» o «Promesas». Un hilo sobre el quedarse, el permanecer («Enunciacions», «Contrafòbies») o no permanecer («Enfadada»). La verdad, la belleza y las amigas están presentes. La suavidad también. Las entrepiernas, los gemidos, el deseo. A veces las tinieblas.

El primer poema que leí de esta recopilación me llegó en un mensaje en el teléfono. La historia fue más o menos como sigue, y me apetece contarla en forma de ficción matemática porque siempre he querido hacer el juego entre las proposiciones lógicas y las lascivas.

Proposición. *Sin mediar palabra. Voy a llegar a tu casa y (si tú quieres) te voy a follar antes de cruzar ni media palabra. Ya luego nos contamos.*

Demostración. Llego a tu casa, nerviosa y emocionadísima. Todavía no tenemos mucha confianza, pero me erizas la piel cada vez que te acercas, y quiero más de esta fantasía. Hemos quedado que si cuando entro en tu casa no saludo, definitivamente nos pasarán cosas. Así que entro y no saludo. Me saludas tú, desde la habitación, que casi habías olvidado lo que te está a punto de pasar antes de que puedas seguir hablando. □

Proposición. *Me ha sobrevenido la noche libre y ardo de ganas de ti.*

Demostración. Véase el poema «4X». □

Después de esto, una canción de Maria Gadú recibió «Cançoner» como respuesta.

La formalidad matemática suele desmoronarse cuando entra en el campo de lo poético o de lo onírico.

En matemáticas, la cardinalidad de un conjunto es la medida del «número de elementos del conjunto». Cuando manejamos conjuntos infinitos, esta cardinalidad da pie a definir los números transfinitos (números que no son finitos).
El primer número cardinal transfinito es el áleph cero, $\aleph_0$, la cardinalidad del conjunto (infinito) de números naturales. Los números transfinitos se pueden extender a números cada vez mayores y cada vez más extraños. Existen una infinidad de cardinales transfinitos, lo que significa que en realidad existen,

efectivamente, muchos tipos de Infinito (de hecho, una infinidad), cada uno infinitamente más lleno que el anterior. De todos los conjuntos infinitos, los de cardinalidad $\aleph_0$ (los llamados infinitos numerables) son los más pequeños. La historia de «El hotel infinito de Hilbert» ilustra las aparentes contradicciones de la aritmética cardinal en el contexto de estos conjuntos infinitos numerables.

Definición. *Se dice que un conjunto A es infinito numerable si sus elementos se pueden poner en correspondencia uno a uno con el conjunto de los números naturales. Es decir, si existe una correspondencia biyectiva*

$$f : A \longrightarrow \mathbb{N}$$
$$a \longmapsto f(a) = n$$

Esto es, que existe una correspondencia f que a cada elemento a ∈ A le hace corresponder un (y solo un) número natural, y que a su vez verifica que cada número natural es correspondido por un (y sólo un) elemento de A.

Equivalentemente, se dice que un conjunto A es infinito numerable si sus elementos se pueden numerar (o ordenar), de forma que a cada elemento de A le corresponda un solo número natural (o «lugar»), y que cada «lugar» sea ocupado por un solo elemento de A.

Proposición. *La unión infinita numerable de conjuntos finitos disjuntos dos a dos es infinita numerable.*

Demostración. Sean A_1, A_2, ..., A_n, ... una colección numerable de conjuntos finitos disjuntos dos a dos, cada uno con m_1, m_2, ..., m_n, ... elementos respectivamente. En estas condiciones, podemos numerar todos los elementos de su unión, uno detrás de otro.

Formalmente, si

$$A_1 = \{a_{11}, a_{12}, ..., a_{1m_1}\}$$
$$A_2 = \{a_{21}, a_{22}, ..., a_{2m_2}\}$$
$$\vdots$$
$$A_n = \{a_{n1}, a_{n2}, ..., a_{nm_n}\}$$

La correspondencia

$$f : \bigcup_{n \in \mathbb{N}} A_n \longrightarrow \mathbb{N}$$
$$a_{i,j} \longmapsto \sum_{s=1}^{i-1} m_s + j$$

es biyectiva. ☐

Observación. *Este resultado también se puede demostrar para conjuntos infinitos numerables cualesquiera, pero para el caso que nos ocupa, con la proposición anterior tenemos suficiente.*

Lema. *Si suponemos que existe un número finito de palabras en una lengua, digamos p palabras, fijado n ∈ ℕ, existe un número finito de frases que se pueden hacer en esta lengua con exactamente n palabras. En particular, se pueden hacer p^n frases distintas que tengan n palabras (tengan más o menos sentido).*

Teorema. *Tus poemas navegaban en un conjunto infinito numerable de poemas en potencia, hasta que los rescataste/ te fueron revelados.*

Demostración. Basta considerar el cambio de línea y los signos de puntuación y caracteres especiales como unas palabras más. Si llamamos A_n al conjunto de frases (ahora poemas) que se pueden hacer con exactamente n palabras, por el lema anterior A_n es finito para todo n ∈ ℕ i el conjunto de todos los poemas posibles, $\bigcup_{n \in ℕ} A_n$, es infinito numerable por la proposición que acabamos de ver. □

Corolario. *Consagrada a la búsqueda de aquello que te hace verdad, rescatas la pulsión del deseo – El poder de la(s) perra(s) te ha sido revelado.*

Alba Pardo
abril de 2025

Las letras se bailan y se beben. Las letras se ríen y se lloran. Las letras se perrean hasta el suelo y se elevan hasta el cielo. Las letras se disfrutan y se discuten con amor. Las letras se dicen todas las que quieras y las que no, las aspiras. Las letras son de maricas y de bolleras, de guapas y de feas y de tu género y del mío. Las letras son y no son. Las letras se performan, se habitan, se gozan y, a veces, se escriben. Las letras las lees o te las comes (o te las f*llas). Las letras brillan y dan sombra. Las letras somos todas.